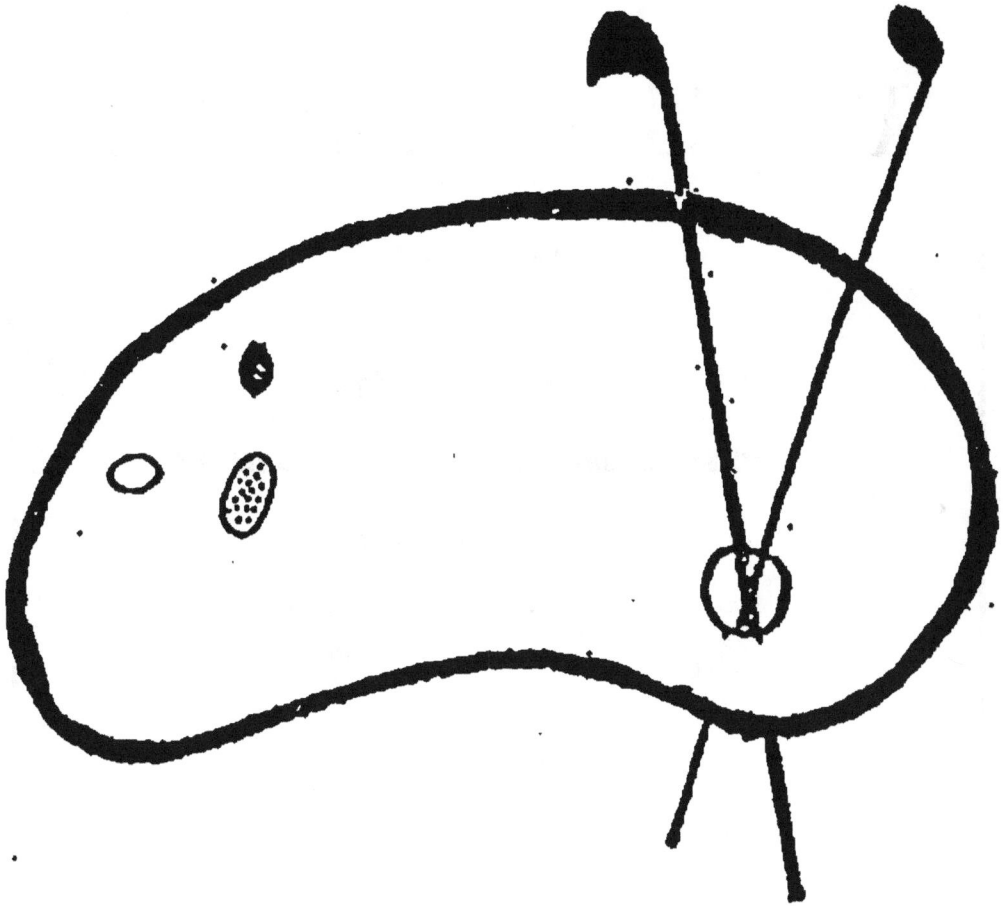

DEBUT D'UNE SERIE DE DOCUMENTS
EN COULEUR

LES

ASILES DE LAFORCE

(DORDOGNE)

RECONNUS PAR L'ÉTAT

COMME ÉTABLISSEMENT D'UTILITÉ PUBLIQUE

le 7 septembre 1877

——— ▷※◁ ———

PARIS

AUX LIBRAIRIES PROTESTANTES

—

1878

AVIS TRÈS-IMPORTANT

(Ne le perdez jamais de vue)

Adresser tout ce qui concerne l'Administration des Asiles à M. le pasteur John BOST, directeur, et mettre sur l'enveloppe :

« DIRECTION DES ASILES. »

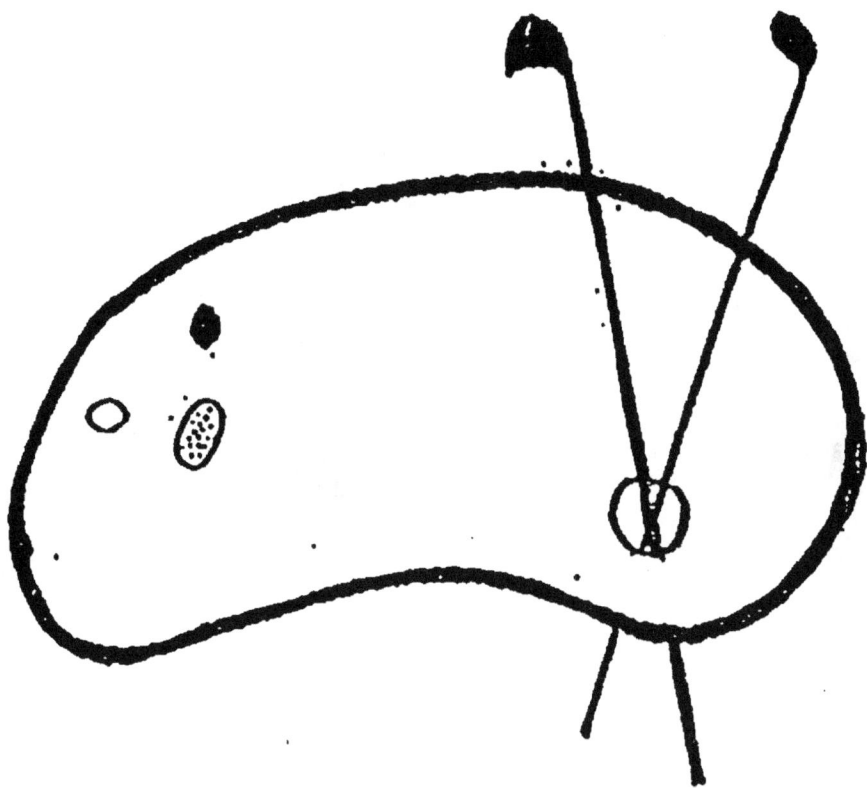

FIN D'UNE SERIE DE DOCUMENTS
EN COULEUR

LES

ASILES DE LAFORCE

LES
ASILES DE LAFORCE

(DORDOGNE)

RECONNUS PAR L'ÉTAT
COMME ÉTABLISSEMENT D'UTILITÉ PUBLIQUE
le 7 septembre 1877

LA FAMILLE ÉVANGÉLIQUE
BÉTHESDA — ÉBEN-HÉZER — SILOÉ
BÉTHEL — LE REPOS
LA RETRAITE — LA MISÉRICORDE

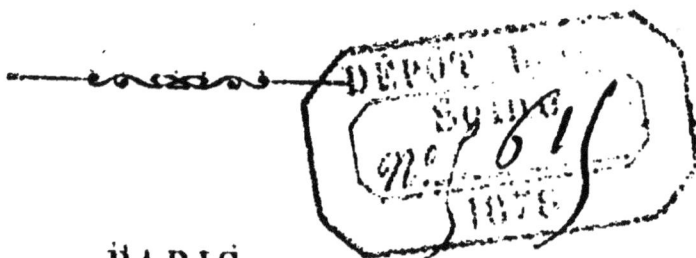

PARIS
AUX LIBRAIRIES PROTESTANTES
—
1878

LES ASILES DE LAFORCE

La Famille . . Asile pour des jeunes filles : 1º orphelines; 2º placées dans un mauvais entourage; 3º de protestants disséminés.

Béthesda . . . Asile pour des jeunes filles : 1º infirmes ou incurables; 2º aveugles ou menacées de cécité; 3º idiotes, imbéciles ou faibles d'esprit.

Eben-Hézer . . Asile pour des jeunes filles épileptiques.

Siloé . . . . . Asile pour des *garçons* : 1º infirmes ou incurables; 2º aveugles ou menacés de cécité; 3º idiots ou imbéciles.

Béthel . . . . Asile pour des *garçons* épileptiques.

Le Repos . . . Asile pour des institutrices incurables, des maîtresses d'école infirmes, des dames veuves ou célibataires malades ou sans ressources.

La Retraite . . Asile pour : 1º Des servantes, des femmes veuves ou célibataires, malades ou infirmes et sans ressources, que leur éducation ne permet pas d'admettre au REPOS; 2º Des femmes infirmes ou incurables, exclues par leur âge ou par d'autres motifs de l'Asile de BÉTHESDA.

La Miséricorde. Asile ouvert à des filles : 1º idiotes gâteuses, ayant perdu toute leur intelligence; 2º épileptiques qui sont idiotes et infirmes.

Conseil d'administration.

Président,	John Bost, pasteur, directeur, trésorier.
Vice-Président,	L. Domenget, juge d'instruction près le Tribunal de Bergerac.
Secrétaire,	E. Robert, pasteur à Sainte-Foy.
Assesseurs	E. Monbrun, pasteur à Sainte-Foy.
	Marrauld-Dupon, ancien magistrat.
	G. Fouignet, propriétaire.
	H. Lauga, pasteur, président du Consistoire de Montcarret.
	Henri Couve, de Bordeaux.
	Gustave Boy, propriétaire.

RAPPORT

SUR LES

ASILES DE LAFORCE

ANNÉE 1877

CHERS BIENFAITEURS,

Nous avons la joie, en commençant ce rapport, de vous annoncer que les Asiles de Laforce ont été reconnus par l'État comme établissements d'utilité publique. Le décret a été signé par le Président de la République, le 7 septembre 1877.

Nos vœux sont comblés; les Asiles ont leur avenir assuré en ce qui concerne la possession de leurs propriétés, de leurs immeubles, de leurs meubles. Ces maisons de miséricorde sont installées sur leurs terres et personne ne pourra les leur disputer. Les Statuts ont été longuement étudiés, afin de sauvegarder notre liberté d'administration. Ils furent complétement approuvés au Ministère de l'Intérieur. Nous pensons vous être agréable en vous faisant connaître le décret et les statuts.

DÉCRET

DÉPARTEMENT DE LA DORDOGNE.

SOUS-PRÉFECTURE DE BERGERAC.

LE PRÉSIDENT DE LA RÉPUBLIQUE FRANÇAISE,

Sur le rapport du Ministre de l'Intérieur,

Vu l'avis du Conseil d'État du 17 janvier 1806 ;

Vu la demande du Conseil d'administration de l'Œuvre des Asiles de Laforce (Dordogne), tendant à obtenir la reconnaissance de cette œuvre comme établissement d'utilité publique ;

Vu les notices et le bilan produits à l'appui de cette demande, ensemble les comptes rendus annuels ;

Vu l'acte public en date du 23 avril 1877, par lequel le pasteur John Bost, fondateur et directeur des Asiles de Laforce, a fait, au profit de ladite œuvre, une déclaration de propriété concernant les biens, meubles et immeubles affectés à l'usage des Asiles de Laforce ;

Vu le certificat de vie du déclarant ;

Vu l'estimation des biens cédés ;

Vu les pièces de l'enquête et l'avis du commissaire enquêteur ;

Vu les délibérations des Conseils municipaux de Laforce, de Saint-Pierre-d'Eyraud et de Prigonrieux ;

Vu les avis du Sous-Préfet de Bergerac et du Préfet de la Dordogne,

Le Conseil d'État entendu,

Décrète :

Article 1er. — Est reconnu comme établissement d'utilité publique l'Œuvre des Asiles de Laforce (Dordogne), fondée par M. le pasteur John Bost.

Sont approuvés les Statuts de l'Œuvre tels qu'ils sont annexés au présent décret ;

Article 2. — Le Conseil d'administration de l'œuvre des Asiles de Laforce (Dordogne), reconnu comme établissement d'utilité publique par l'article 1er du présent décret, est autorisé à accepter le bénéfice résultant de la déclaration de propriété faite par M. le pasteur John Bost, suivant acte public du 23 avril 1877 concernant les biens, meubles et immeubles affectés au service des Asiles de Laforce.

Article 3. — Le Ministre de l'Intérieur est chargé de l'exécution du présent décret.

Fait à Paris, le 7 septembre 1877.

Signé : Maréchal de MAC-MAHON.

Par le Président de la République :

Le Ministre de l'Intérieur,

Signé : DE FOURTOU.

Pour ampliation :

Le Directeur du secrétariat et de la comptabilité,

Signé : NORMAND.

Pour copie conforme :

Le Secrétaire général,

Signé : DELFAUX.

Pour copie conforme :

Le Sous-Préfet de Bergerac,

Signé : DE COINGY.

STATUTS

TITRE PREMIER.

But de l'œuvre.

ARTICLE 1er.

L'Œuvre des Asiles de Laforce a pour but de recueillir, d'entretenir, d'élever ou de soigner les orphelines, les filles abandonnées et les infirmes des deux sexes, incurables, idiots, imbéciles, aveugles, épileptiques, etc., etc.

Des établissements distincts sont affectés à chaque catégorie d'assistés ou d'infirmes.

L'Œuvre recueille également : 1° Dans une maison spéciale dite *Le Repos*, des institutrices, des maîtresses d'école, des dames veuves ou célibataires, infirmes, incurables ou sans ressources. — 2° Dans une maison spéciale dite *La Retraite,* des servantes malades ou âgées, des filles ou des femmes que des circonstances particulières excluent de Béthesda.

ARTICLE 2.

Elle se compose de souscripteurs et de bienfaiteurs.

TITRE II.

Administration.

ARTICLE 3.

L'OEuvre est administrée par un Conseil de *neuf* Membres, qui porte le titre de *Conseil d'administration*.

Il se renouvelle *lui-même*. L'élection a lieu au scrutin secret et à la majorité des voix, les deux tiers au moins des Membres du Conseil étant présents.

La durée du mandat est de trois ans; mais le Conseil se renouvelle chaque année par tiers.

Les deux premiers renouvellements ont lieu par la voie du sort et les suivants d'après l'ancienneté.

Article 4.

Les Membres sortants peuvent être indéfiniment
réélus.

Article 5.

Après chaque renouvellement annuel, le Conseil
nomme dans son sein un *Président,* un *Vice-Prési-
dent,* un *Trésorier,* un *Secrétaire;* sauf, en ce qui
concerne le Trésorier, le cas prévu à l'article 8.

Article 6.

Le Conseil est chargé de la gestion morale et ma-
térielle de l'Œuvre.

Les délibérations ou décisions relatives à des
acquisitions, aliénations ou échange d'immeubles et
à l'acceptation de dons ou legs, seront préalablement
soumises à l'autorisation du Gouvernement.

Article 7.

Le Conseil, convoqué par son Président, se réunit
de droit trois fois par an.

Le Conseil pourra, en outre, suivant les circonstances, être convoqué en séance extraordinaire,

soit sur la demande du Président, soit sur celle de trois Membres.

ARTICLE 8.

Un *Directeur général*, nommé par le Conseil dont il relève, est chargé de l'ensemble et des détails de l'OEuvre. Il pourvoit à toutes les nécessités du service intérieur des Asiles et au choix du personnel, sauf approbation du Conseil.

Il pourra, si le Conseil le désire, remplir les fonctions de Trésorier.

ARTICLE 9.

Une *Commission*, dite de *Permanence*, formée dans le sein du Conseil, assiste le Directeur général.

Dans l'intervalle des séances, elle peut statuer d'urgence sur les questions qui intéressent l'existence ou l'avenir de l'OEuvre, à charge par elle de soumettre ses décisions au Conseil à la plus prochaine séance.

ARTICLE 10.

Un *Comité de Dames* est adjoint au Conseil d'Administration.

La composition de ce Comité et ses attributions seront déterminées aux règlements intérieurs.

ARTICLE 11.

Les fonctions de Membre du Conseil, de Membre de la Commission de Permanence, du Comité des Dames, sont gratuites.

TITRE III.

Ressources.

ARTICLE 12.

Les ressources des Asiles comprennent :

1° Les pensions;

2° Les souscriptions annuelles de 300 francs au minimum;

3° Les dons, collectes, ventes, etc.;

4° Les donations et legs, dont l'acceptation aura été autorisée conformément aux dispositions de l'article 910 du Code civil;

5° Les revenus des biens, meubles et immeubles;

6° Le travail des pensionnaires;

7° Enfin, les subventions qui pourraient être accordées à l'Œuvre par les institutions charitables, les villes, le département ou l'État.

ARTICLE 13.

Le Trésorier est chargé de la perception des recettes et du paiement des dépenses; il fournit tous les quatre mois au Conseil un bordereau constatant l'état de la Caisse et la situation financière de l'OEuvre; il rend compte de sa gestion à la fin de chaque exercice; mais il ne peut assister à l'examen de ses comptes.

ARTICLE 14.

Les fonctions de Trésorier sont gratuites; toutefois, elles pourront être salariées si les circonstances exigent qu'elles soient confiées à un agent pris en dehors des Membres du Conseil d'Administration. Dans ce cas, il sera choisi, et son traitement sera fixé par le Conseil.

ARTICLE 15.

Le Conseil d'Administration fixe chaque année la somme qu'il juge nécessaire au besoin courant de l'OEuvre. Le surplus des fonds libres et les excédants de recettes seront déposés dans une caisse publique ou placés en rentes sur l'État, en actions de la

Banque de France ou en obligations des Compagnies de Chemins de fer auxquelles un minimum d'intérêt est garanti par l'État.

TITRE IV.

Dispositions générales.

ARTICLE 16.

Un règlement intérieur, arrêté par le Conseil d'Administration, détermine les conditions d'administration intérieure, celles d'admission dans les Asiles, les attributions des divers employés, la discipline, la durée du travail, le régime alimentaire, enfin toutes les dispositions de détail propres à assurer la pleine exécution des Statuts.

Il est soumis à l'approbation du Préfet.

ARTICLE 17.

Chaque année, à la fin de l'exercice, le Conseil d'Administration expose, dans un Rapport, la situation morale et financière de l'OEuvre; ce compte rendu annuel est adr ssé aux so scripteurs et aux

bienfaiteurs de l'Œuvre, au Préfet de la Dordogne
et au Ministre de l'Intérieur.

ARTICLE 18,

Dans le cas où l'Œuvre cesserait d'exister, les
biens meubles, immeubles et capitaux lui appartenant, deviendraient la propriété d'une ou de plusieurs œuvres de bienfaisance de l'Église réformée
de France, désignée par le Conseil d'Administration,
sous l'approbation du Gouvernement.

ARTICLE 19,

L'Œuvre est placée sous la surveillance du Préfet
de la Dordogne et sous l'autorité du Ministre de
l'Intérieur,

ARTICLE 20,

Nul changement ne pourra être apporté aux présents Statuts sans l'autorisation du Gouvernement.

Disposition transitoire. — Exceptionnellement et
par un acte de juste gratitude, M. le pasteur John
Bost, fondateur des Asiles de Laforce, sera, pendant

toute sa vie, à moins de démission formelle, Président du Conseil d'Administration et Directeur général de l'OEuvre.

Le fondateur-directeur de l'OEuvre, Président du Conseil d'Administration,

John Bost, pasteur.

Vu pour être annexé au Décret du 7 septembre 1877. Enregistré sous le n°

Le Ministre de l'Intérieur,

Pour le Ministre et par délégation :

Le Directeur du secrétariat et de la comptabilité,

Signé : F. Normand.

Pour copie conforme :

Le Chef du bureau du secrétariat,

Signé : Marcassus.

(Le sceau du Ministère de l'Intérieur.)

Vous remarquerez que le Conseil d'Administration se renouvelle lui-même. Le choix du personnel directeur, avec tous les employés, est aussi confié à nos soins. Ces Statuts ont été approuvés par les hommes les plus prudents quant aux ingérences de l'État dans les affaires qui concernent les églises et les établissements de charité de notre communion. Les règlements d'administration intérieure seront, il est vrai, soumis à l'approbation du Préfet ; mais, soyez sans crainte, toutes les œuvres de philanthropie reconnues en France ont dû présenter leurs règlements, et nous n'avons jamais entendu dire que la moindre entrave ait été mise à leur marche et à leur développement.

Beaucoup d'amis nous ont demandé de faire connaître à nos bienfaiteurs les avantages que nos Asiles retireront de cette reconnaissance par l'État. — Eux-mêmes l'ignoraient ou n'y attachaient pas une grande importance. D'autres partageaient mon vœu ardent, mais ne se doutaient pas de toutes les démarches à faire et des pièces qu'il fallait fournir pour arriver au but : j'ai été accusé de négligence.

Ma conscience à cet égard ne me reproche rien. Il y a un peu plus d'un an, embrassant en sus de mes autres travaux ceux qui devaient amener ce résultat, et aidé de mon secrétaire-comptable, dont l'intelligente activité ne s'est jamais ralentie, j'ai enfin pu atteindre ce but si désiré. C'est avec une double satisfaction que je l'annonce à nos amis, en ajoutant sur ce fait quelques explications.

Avant la reconnaissance par l'État, j'étais seul propriétaire des immeubles achetés pour les Asiles; cette position anormale n'existe plus. Par un acte notarié, j'ai cédé aux Asiles ces diverses propriétés, et dans aucun cas maintenant elles ne peuvent être dénaturées. L'OEuvre dés Asiles de Laforce est devenue aux yeux de la loi un Être moral, qui est représenté par le Conseil d'Administration.

En second lieu, les Asiles ont aujourd'hui le droit d'hériter, de recevoir des legs. Ce droit nous était refusé, et plus d'une fois nous avons dû laisser aux mains de la municipalité des sommes destinées à l'entretien de nos déshérités. Ces sommes vont nous être remises. Nos bienfaiteurs peuvent maintenant laisser à nos huit familles d'orphelines, d'incurables, de veuves, d'épileptiques, d'aveugles, un souvenir permanent de leur sollicitude.

Il est écrit, cela est vrai : « Fais aujourd'hui ce qui est en ton pouvoir. » C'est pendant notre carrière ici-bas que nous devons glorifier notre Dieu par la consécration complète de tout ce que nous sommes, de tout ce que nous possédons... Mais nos œuvres nous suivent, et quoique morts, nous devons parler encore. Quel est le chrétien, riche en biens de ce monde, qui ne veuille élever un monument sur ces Asiles de la douleur, pour rappeler à ses héritiers qu'il a aussi adopté dans sa famille « les pauvres de ce monde qui sont riches dans la foi »? Vos enfants vous reprocheront-ils la part, quelque faible qu'elle soit, que vous aurez léguée aux malheureux? A leur tour, n'imiteront-ils pas votre exemple, les adoptant dans leur cœur?

Le jour de l'éternité approche, et comme nous n'avons rien apporté dans ce monde, nous n'en devons rien emporter avec nous; mais l'amour de notre Dieu, manifesté en Jésus-Christ, nous accompagnera, et nos œuvres nous suivront. Regretterons-nous alors ce que nous aurons fait pour ces pauvres êtres qui peuplent nos Asiles, à tous égards si dignes de pitié?

Par la reconnaissance de l'État, une ère nouvelle s'est ouverte devant nous. Le terrain sur lequel nous marchons est solide. Nous n'allons plus en tâtonnant. Aussi nous efforcerons-nous de faire plus et mieux que par le passé, et notre Dieu nous bénira.

Je ne saurais terminer ce sujet sans exprimer ma vive et profonde gratitude à Messieurs les directeurs, sous-directeurs, secrétaires, du Ministère de l'Intérieur qui m'ont assisté de leurs conseils, dirigé dans mon travail préparatoire, et mené à une heureuse fin cette œuvre de la reconnaissance.

Et maintenant, chers bienfaiteurs, entrez avec nous dans ces huit familles; elles vous raconteront leur touchante histoire.

LA FAMILLE

Cet Asile reçoit l'orpheline de tout âge; les jeunes filles exposées dès leur plus tendre enfance aux dangers de la corruption, des filles d'artisans veufs, de veuves placées dans des situations difficiles.

Avons-nous besoin de plaider cette cause? L'orpheline! que ce mot est douloureux! Une jeune fille laissée seule dans ce monde, ayant dit un dernier adieu à un père, à une mère, qui semblaient lui être indispensable! Les faits qui nous entourent ne nous révèlent-ils pas tous les jours ce que deviennent tant d'orphelines qui, après avoir lutté contre le mal, ont succombé et se sont créé un foyer domestique indigne de ce nom? Elles le reconnaissent : « Personne ne veillait sur moi, j'étais abandonnée, je n'avais plus ma mère », se sont-elles écriées. Ah! pitié pour l'orpheline!

La Famille reçoit aussi des jeunes filles appartenant à de tristes parents, ou qui n'ont jamais connu leur père. Nous avons vu des mères pleurant leur passé, et nous demandant instamment de les aider à retirer leur fille d'un entourage qui leur avait été funeste à elles-mêmes. Fallait-il refuser d'admettre ces jeunes filles? nous avions la certitude qu'elles seraient perdues sans cela, et un sujet de honte peut-être pour des familles honorables.

Nous ne pouvons entrer dans des détails; qu'il nous suffise d'affirmer que jamais nous n'avons eu à regretter d'avoir admis ces jeunes filles. Par elles, dans plusieurs cas, il nous est arrivé de voir la mère ramenée sur le sentier de la vertu et aux pieds de Celui qui a dit : « Je ne te condamne pas, va et ne pèche plus. »

Nous déclarons, pour la justification de notre œuvre, que jamais nous ne recevrons de jeunes filles dont la moralité sera suspecte.

Nos Directrices veillent avec soin sur ces enfants. N'est-il pas écrit : « Plusieurs de ceux qui étaient les derniers seront les premiers. »

Au dernier congrès tenu à Genève, le sort de ces créatures abandonnées a soulevé une sympathie unanime ; depuis lors, des associations nombreuses se sont formées pour leur venir en aide. Qui sait si un jour la Famille n'annoncera pas à ses bienfaiteurs qu'elle n'a pas reçu de demande d'admission pour une catégorie de jeunes filles qui n'existe plus ?

Il nous reste enfin à rappeler à nos amis que la Famille ouvre ses portes à des jeunes filles d'artisans, veufs ou veuves. Pendant que nous traçons ces lignes, il nous arrive une lettre dont nous citons le passage suivant : « ... Je suis plus malheureuse qu'une veuve ; mon mari m'a abandonnée. Je suis sans ressources et désire me placer pour faire quelque ouvrage que ce soit. J'ai une fille de quatorze ans ; on prendrait la mère, mais on ne veut pas la fille, et moi, j'aimerais mieux mourir que de l'abandonner. De grâce, prenez ma fille, je payerai tout ce que je gagnerai. Ayez pitié de nous deux ! »

Des artisans veufs nous ont confié leurs filles. De grand matin le père était à l'atelier et ne rentrait chez lui que le soir. Ces jeunes filles étaient livrées à elles-mêmes.

C'est dans ces humbles demeures de l'ouvrier, où la mère n'est plus, que se recrute une partie de notre Famille.

Vous avez compris l'œuvre de la Famille : vos cœurs ont parlé. Tous, vous avez reconnu la grandeur de la mission que nous avons à accomplir. Donner un asile à l'orpheline de tout âge, arracher des jeunes filles exposées dès leur plus tendre enfance aux dangers de la corruption : remplacer la mère dans la demeure de l'ouvrier resté veuf, n'est-ce pas justifier le titre que nous avons donné à cet asile « la Famille » ?

Que ne pouvons-nous mettre ici sous vos yeux les lettres de nos jeunes filles placées dans ce vaste monde, ou celles de leurs parents exprimant toute leur reconnaissance pour l'œuvre accomplie par la Famille!

ÉDUCATION. — INSTRUCTION.

C'est donc une famille de quatre-vingt-dix jeunes filles que nous avons à élever. La tâche est grande, mais elle est belle. Elles appartiennent presque toutes à la même classe de la société, et nous leur donnons, à quelques exceptions près, la même éducation.

Faire des femmes de ménage, voilà notre ambition.

Dès leur entrée dans la Famille, nous cherchons à utiliser leur activité, à leur montrer qu'elles sont en apprentissage, et qu'elles nous doivent leur temps. De pauvres enfants nous sont parfois arrivées si faibles, si malades, que nous avons dû, avant toutes choses, refaire leur constitution. Il en est un grand nombre qui ne savaient rien : c'était de grands enfants à placer à la salle d'Asile pour leur apprendre à parler.

En règle générale nous leur donnons une bonne instruction primaire. A cet effet, nous avons augmenté le nombre des institutrices. Plus vite nous les sortirons de l'école, mieux ce sera. Elles ont à apprendre tant de choses qu'une femme de ménage ou une servante doit savoir. Nous insistons surtout

sur le calcul de tête. Quelques leçons sur l'histoire
et la géographie de leur pays leur sont données. Les
leçons de choses sont placées en première ligne.
Nos filles vivent des réalités de la vie. Nous désirons
les habituer aux objets dont elles seront appelées à
se servir plus tard.

Servir et non être servies, considérer leurs directrices comme leurs maîtresses et non comme leurs
servantes ou leurs camarades, telle est en un mot la
base de notre système d'éducation. Nous avons
cherché par là à tenir compte des objections qui
ont été faites sur l'éducation donnée en général
dans les orphelinats.

Dans la Famille chaque enfant est considérée
comme un être moral et responsable. Elle sait que
son avenir dépend de son activité et de son savoir;
elle sait qu'elle n'est pas une machine, un numéro.
Ce sentiment de la responsabilité personnelle, nous
ne cessons de le développer en elles; s'il n'existe
pas, nous avons échoué dans notre tâche, et n'avons
devant nous qu'un être sans initiative à faire mou-
voir, ou une créature d'un ordre inférieur à nourrir.
L'enfant nous quittera étant impropre à tout service,
et l'argent de nos bienfaiteurs aura été dépensé sans
aucun profit : la Famille n'aurait pas sa raison d'être.

Dès que l'enfant sort de l'école elle est initiée à tous les travaux du ménage : entretien de la maison, des chambres des directrices, des sous-directrices ; service de la salle à manger. C'est dans la Famille qu'ont lieu toutes les réceptions, réunions des comités, inspections, etc. ; elles se développent sous nos yeux, leur jugement se forme.

A l'ouvroir elles font toutes sortes d'ouvrages, la taille des vêtements, le montage. Nous insistons encore sur ce point : l'enfant n'est pas une simple machine à coudre ; elle est tailleuse. Les étoffes lui sont fournies, elle doit remettre les vêtements terminés.

Le ravaudage n'est pas négligé ; il occupe à l'ouvroir une place importante. Remettre à neuf ce qui était vieux, c'est l'art par excellence d'une bonne couturière. Elles ont une excellente occasion de l'apprendre en raccommodant une partie des vêtements de leurs petites camarades. C'est aussi dans la Famille que se confectionne presque toute la lingerie de Siloé et de Béthel. Nos jeunes filles vont faire les emplettes courantes de la Famille, soit seules, soit avec l'une de nos directrices. Elles s'habituent ainsi à lutter contre les difficultés qu'elles rencontrent dans le monde. Une fois sorties de chez nous, elles auront appris à se placer sous la surveillance de leur Dieu et de leur conscience.

Aucun âge n'est fixé pour leur sortie de l'Asile. Nous désirons les placer aussitôt que possible ; c'est leur intérêt que nous devons chercher, et non le nôtre.

L'état sanitaire est satisfaisant. A l'exception de quelques jeunes filles qui nous étaient arrivées malades, l'infirmerie a été rarement occupée.

Nous sommes réjouis par les nouvelles qui nous parviennent sur nos chères enfants répandues dans le vaste monde. Elles ont conservé pour la Famille, une affection qui repose sur la vénération. C'est à leur séjour dans la Famille qu'elles attribuent leur salut, leur vie, leur bonheur.

Nous avons à ce jour quatre-vingt-dix jeunes filles.

BÉTHESDA

Quelle dure école que celle de la souffrance ! C'est bien le cri qui s'échappe de notre cœur chaque fois que nous franchissons le seuil de Béthesda.

Rangées en bon ordre, vêtues de vêtements

propres, soit à l'ouvroir, soit à l'école, ou étendues sur un lit de souffrances dans les infirmeries, nous voyons des jeunes filles aveugles, incurables, infirmes, faibles d'intelligence, mais qui toutes ont le sentiment de leur malheur. Incurable! quel mot affreux. « Je suis jeune, je voudrais vivre dans la société, gagner ma vie. A quoi me sert ma jeunesse? Je suis percluse de tous mes membres, je ne guérirai jamais, mes yeux sont voilés pour toujours! » Tel est le cri qui s'échappe du cœur oppressé de nos chères enfants; ce cri ne cessera que par la soumission à la volonté de Dieu et lorsqu'elles l'auront reconnue « bonne, agréable et parfaite ». Heureux sommes-nous de pouvoir ajouter que chez plusieurs nous avons trouvé cette confiance qui est le remède aux grands maux.

Béthesda compte à ce jour *cent deux* pensionnaires. La maison est pleine; il n'y a plus de place. De nombreuses demandes d'admission nous sont adressées, et plusieurs infirmes attendent avec impatience qu'il y ait une place vide. Dans peu de temps nous en aurons par le départ de vingt-quatre idiotes qui entreront dans la Miséricorde.

Les infirmités les plus diverses, les plus tristes, se sont donné rendez-vous sous notre toit. Quelques-

unes de nos malades sont atteintes de paralysies
complètes ou partielles et passent leurs journées
assises dans de petites voitures ; les autres sont couvertes de scrofules qui ont envahi leur être tout en-
tier et les menacent de cécité. Ici on voit une enfant
sans mains faisant de la tapisserie et qui, pour se
reposer, passe quelques heures à l'étude à écrire, à
lire. Dans un coin obscur, — pour elles il n'y a pas
de jour, — nos aveugles écrivent, lisent, ou sont
occupées à leurs charmants ouvrages, au filet ou au
tricot. Plus loin, nos grandes filles fortes, mais es-
tropiées, font les robes, la lingerie de leurs camarades, ou bien de petits ouvrages de fantaisie.

Dans une salle attenante à l'ouvroir, se trouvent
les idiotes propres qui peuvent s'occuper un peu
aux travaux de la maison. En dehors de leur vie ac-
tive, elles tricotent des bas ou des gilets de laine.
Parmi elles on découvre des visages frais, des traits
réguliers, de la finesse. Il est facile de voir qu'elles
appartiennent à des familles d'un rang plus élevé.
Hélas ! elles sont orphelines, ou si leurs parents
vivent encore, ils ont dû se séparer de leurs filles
par des circonstances impérieuses.

Après avoir traversé cette salle, nous trouvons une
petite classe où sont réunies nos idiotes suscep-

tibles de quelque développement intellectuel. Les murs sont recouverts de tableaux qui représentent des sujets de l'*Histoire sainte* ou d'*Histoire naturelle*. Sur leurs pupitres se trouvent leurs cahiers : elles font quelques progrès; les unes ont appris à lire, alors même qu'elles avaient été déclarées idiotes sans espérance de développement. On voit ici une petite fille dont la tête est microscopique; là, une tête énorme, dans laquelle le cerveau occupe une très-petite place. Ces enfants sont propres, assidues à leurs leçons. Il ne faut pas être trop exigeant, ni croire que des créatures si incomplètes pourront jamais rentrer dans la vie privée. Elles végéteront toujours, et ne pourront dépasser un certain degré d'instruction. Peut-être même y aura-t-il, au bout d'un temps, dégénérescence dans les facultés; cela est arrivé dans plusieurs cas.

Au premier étage sont nos infirmeries : elles sont remplies. Malgré nos précautions, nos soins et la flanelle dont elles sont couvertes, l'hiver leur est toujours funeste. Les scrofules se localisent, amènent des abcès, il faut garder le lit : elles ne peuvent bouger. Celles dont les mains restent libres font de la tapisserie ou du crochet, des ouvrages qui les distrayent et fixent leur esprit sur des objets autres que

2

leurs misères. Combien il importe de donner de la distraction à ces chères malades, confinées pendant de longs mois dans une infirmerie, sans autre société que celle de leurs compagnes d'infortune !

Dans un corps de logis, presque séparé des autres, se trouvent les pauvres êtres arrivés au dernier degré de l'idiotie. Tous nos moyens d'action sur leur intelligence sont nuls. Pouvons-nous atteindre leur cœur, leur âme ? Nous ne le savons. Elles sont entourées de tous nos soins; rien n'est négligé pour les tenir toujours dans un état de propreté. Elles passent leurs journées entières assises sur de petites chaises particulières. Celles qui ont encore l'usage de leurs membres se promènent dans une partie du jardin qui leur a été réservée. Ce sont les idiotes qui sont destinées à La Miséricorde; nous en parlerons plus tard.

Entrons maintenant dans la classe : nous y voyons des cahiers propres et bien tenus; des tableaux noirs où sont posés quelques problèmes, des cartes de géographie, des tableaux de musique et autres recouvrent les murs. C'est la classe de nos infirmes intelligentes. Les progrès ont été sensibles chez plusieurs et les résultats très-satisfaisants. Arrivées à un degré d'instruction convenable, nos infirmes quittent la classe pour passer leurs journées à l'ouvroir.

De fort jolis travaux ont été exécutés par ces mains frêles et tremblantes. Nos visiteurs sont toujours dans le ravissement de tout ce qu'ils voient en fait d'ouvrages au crochet, de tapisserie, broderie et lingerie. Aussi n'avons-nous pas hésité à faire travailler La Famille, Béthesda et Eben-Hézer, en vue de la prochaine Exposition. Le comité établi à Périgueux, après avoir vu les ouvrages confectionnés dans nos Asiles, décida à l'unanimité de leur donner une place dans la série « Confection d'ouvrages faits dans les orphelinats ».

De grands tapis avec application de drap brodé par-dessus, des tapis de grandeur semblable en tapisserie, des rideaux au filet, des petits manteaux tricotés, de la lingerie fine, de la vannerie en rotin et ficelle, etc., etc., seront exposés à la vitrine : « Asiles de Laforce. » Nos amis les plus circonspects pour ce genre de publicité, m'ont engagé à nous faire représenter à Paris, après le succès que nous avions obtenu à Vienne.

N'oublions pas notre visite dans les dortoirs, où nous voyons tous les lits recouverts de housses blanches. Enfin descendons dans la cuisine, où un beau fourneau sert à préparer les aliments pour

115 personnes. « Que cela sent bon ! » nous disaient ces derniers jours bien des visiteurs. Oui, on peut prendre en toute confiance la nourriture dans nos asiles : elle est substantielle et d'excellente qualité.

Déjeuner à huit heures : soupe ou lait; dîner à midi, d'un bon ordinaire; souper à cinq heures et demie avec soupe ou fruits cuits.

Nous rappelons à nos amis que les infirmes, les aveugles, les idiotes, vivent toutes ensemble. Elles s'entr'aident : les idiotes portent les infirmes, ou les mènent dans leurs petites voitures; les aveugles soutiennent les malades à la promenade, pendant que celles-ci dirigent leurs pas. Les idiotes, au contact des malades et des aveugles, se développent sensiblement; leur intelligence s'ouvre.

Des chants retentissent à toutes les extrémités des jardins. Ces jardins sont charmants : des arbres fruitiers, d'autres toujours verts, ombragent et égayent cette famille d'affligés.

Que d'amis ont emporté de cet asile un souvenir béni ! ils venaient avec le pressentiment qu'ils allaient se trouver en présence de visages sombres, de caractères aigris par la souffrance. En quittant Béthesda, ils s'arrêtaient sur le seuil de la porte, émus, sans doute, mais disant : « Ce Béthesda est

l'emblème de la sérénité, de la paix, du bonheur :
on sourit, on chante, on travaille, il y a de la gaieté
partout. »

Nous avons vu disparaître pour les demeures éter-
nelles trois chères jeunes filles. L'une d'elles n'avait
vécu que pour souffrir : bossue, contrefaite, rachi-
tique, elle passait ses journées étendue sur une petite voiture. Elle était, sinon l'objet d'un culte, du
moins le centre de réunion de tout Béthesda. Elle
est morte dans de cruelles souffrances, endurées
avec une patience qui a été en édification à toutes
ses amies et à tous ceux qui entouraient son lit
d'agonie.

Pour nous qui dirigeons l'œuvre, ce n'est jamais
sans la plus vive émotion que nous assistons aux
funérailles de nos enfants. Le cercueil est déposé
dans la grande salle, il est couvert de guirlandes.
Les amies intimes de la défunte portent des cou-
ronnes qu'elles déposeront sur la tombe. La vue de
toutes ces chères créatures recueillies, debout aujourd'hui, demain?.. nous ne savons: soutenues sur
leurs béquilles, assises dans leurs petites voitures, ca-
chant difficilement les sentiments qui remplissent
leurs cœurs, et qui peuvent se traduire par ces
mots : « Mon tour viendra bientôt, suis-je prête

pour le ciel ? » Cette vue fend le cœur. A chacun
de ces décès nous nous écrions, la directrice, toutes
ses aides et le directeur : « Avons-nous fait tout ce
qui était en notre pouvoir pour adoucir les maux
de cette enfant et la soutenir dans ses souffrances? »
Qu'il me soit permis de rendre ici un témoignage
public à nos chères directrices pour les soins inces-
sants qu'elles donnent de jour, de nuit à ces enfants, les aimant comme des mères savent aimer.

EBEN-HÉZER

Nous vous faisons entrer dans un asile où les
souffrances sont plus grandes encore que dans ce
Béthesda que nous venons de quitter, mais vous
aurez le sentiment qu'à de si grandes tortures phy-
siques et mentales, nous apportons le calme, la
paix et l'espérance.

Cinquante filles épileptiques, d'âges divers, com-
posent cette famille exceptionnelle dont la vie n'a
été qu'une longue série d'épreuves.

Les amis qui nous visitent et nos bienfaiteurs nous
ont demandé des détails écrits sur la vie journalière
d'Eben-Hézer. Ils comprennent difficilement com-

ment ces pauvres filles peuvent vivre ensemble.

Il y a deux divisions principales : la première com-
prend les épileptiques intelligentes, sensées. Elles
passent leurs journées réunies dans l'ouvroir, occupées à divers travaux d'aiguille. Elles confectionnent
leurs vêtements et s'occupent de petits ouvrages
de fantaisie sous la direction de deux lingères, vraies
gardes-malades, qui leur consacrent leur vie entière,
de jour, de nuit. A les voir pour la plupart, on ne
se croirait pas entouré de jeunes filles affectées de
cette affreuse maladie. Elles sont calmes, silen-
cieuses. Dans un coin de la chambre se trouvent, il
est vrai, des épileptiques arrivées à un état voisin de
l'idiotie. Comme elles sont inoffensives et bien tenues
sur leurs personnes, nous les laissons dans ce cercle.
Une lecture à haute voix, des chants, égayent nos
malades qui, pour un temps, oublient leurs tris-
tesses, leurs douleurs.

Elles sont assises en face les unes des autres ; le
passage du milieu est libre, occupé seulement par
les deux gardes-malades qui ne les perdent jamais
de vue, et les reçoivent dans leurs bras au moment
de leurs crises. Elles s'assistent mutuellement.

A l'angle de la chambre se trouve un lit de repos
bien matelassé, sur lequel elles sont placées dès que

la crise est passée et jusqu'à leur réveil. Il arrive souvent qu'un état de torpeur assez long succède au premier sommeil; dans ce cas, nos malades sont transportées dans des chambres, loin du bruit et de la vue de leurs compagnes. Il arrive fréquemment qu'une crise prolongée, ou plusieurs successives, amènent du délire, de la folie. La solitude dans des chambres obscures, ou des douches froides les calment habituellement. Tous les soins possibles leur sont prodigués avec la plus grande douceur. La sévérité est inutile chez de pauvres êtres inconscients de ce qu'ils font. Chez plusieurs, les crises sont de courte durée, mais violentes. Il arrive souvent alors que la malade tombe sans qu'on ait pu prévoir la crise, et on la relève ayant des contusions et des écorchures au visage.

Nous n'avons jamais remarqué que la vue des crises influât sur la santé de nos malades, ou surexcitât leur système nerveux. Hélas! elles s'habituent à la vue de la souffrance et éprouvent d'ailleurs beaucoup de compassion les unes pour les autres, sachant qu'elles ont la même maladie.

Une chère petite aveugle attire les regards de tous nos visiteurs. Elle a une paralysie partielle : son intelligence tend à disparaître, et ses crises sont fréquentes. Chère enfant ! nous l'aimons aussi à cause de ses dignes parents si dévoués à l'œuvre du Seigneur. Une pauvre épileptique idiote s'est constituée sa bonne, et elle l'est vraiment. Au nouvel an, des amies lui donnèrent une boîte de bonbons ; elle les donna tous à « ma petite fille ». Grande fut sa joie quand un peu d'argent lui fut remis. Elle s'enfuit, se contournant en tous sens et criant : « Des sous pour ma petite fille ». Bientôt les deux épileptiques se trouvaient dans les bras l'une de l'autre.

Nous avons eu quelques cas de guérison, mais ils sont rares. Quelques-unes de nos malades qui avaient des crises quotidiennes sont restées un an, deux ans, trois ans même sans qu'elles reparussent. Au moment où nous les pensions guéries, où elles faisaient des plans d'avenir.. les crises sont revenues plus fortes que jamais.

Quel désespoir dans Eben-Hézer que ce retour inattendu de la maladie que l'on croyait disparue ! La directrice et ses compagnes, plus malheureuses encore que les malades, se seraient livrées au découragement, si elles n'étaient fortifiées sans cesse par la « vertu d'En-Haut », pour vaquer à leurs travaux et à l'œuvre de leur charité.

La deuxième catégorie est destinée à La Miséricorde. Ce sont des épileptiques arrivées au dernier dernier degré de l'idiotie. Elles passent leurs journées assises sur des chaises particulières, ou bien se roulent à terre poussant des cris plaintifs, qui n'expriment ni le sentiment de la joie, ni celui de la douleur.

Nous aimons à répéter qu'Eben-Hézer est placé au milieu de beaux jardins, de bosquets, d'arbres fruitiers. En été, nos malades passent leurs journées en plein air. La belle nature qui les entoure, le parfum des fleurs, le chant des oiseaux, répandent sur ces pauvres filles un calme qui leur est des plus salutaires.

SILOÉ

Cet asile compte *quatre-vingt-un garçons :* ils sont tous incurables, infirmes, aveugles, idiots. « Vous pourriez écrire une belle histoire sur les *Misérables*, » nous disaient quelques amis en sortant de Siloé. Puis ils ajoutaient : « Et toutefois, ces chers garçons n'ont pas produit sur nous l'effet de tristesse que nous avions emporté de Béthesda. »

Les avis varient : plusieurs amis trouvent que

Siloé est l'image de la souffrance peinte en couleurs sombres et sans rayon de lumière.

Pour nous, qui dirigeons l'œuvre, nous ne saurions faire aucune distinction. Siloé est l'asile de la souffrance. Nous admettons volontiers que les misères sont plus apparentes, que les difformités ne sont pas aussi bien dissimulées que chez nos filles. La souffrance est antipathique à l'homme; rarement il saura la supporter, et son visage porte l'empreinte de la révolte contre ce mal qui le consume et qu'il ne peut éviter. Ajoutons que nos enfants sont, pour la plupart, occupés aux travaux agricoles; ils sont souvent nu-pieds, ayant comme vêtement l'indispensable. Tout cela ne flatte pas les regards. Pour des personnes qui jugent d'après les apparences, Siloé n'a pas l'aspect souriant de Béthesda.

Les misères abritées dans Siloé sont grandes. Nos garçons nous arrrivent habituellement dans un déplorable état, et souvent proche de la mort. Ils ont lutté contre le mal tant qu'ils ont pu, et n'ont consenti à renoncer à leur liberté pour entrer dans un asile, que lorsqu'ils ne pouvaient faire autrement. La vie de famille, la liberté, bien que dans l'indigence, ont toujours leur attrait, et de pauvres garçons nous sont venus, épuisés par le mal, par

les plaies, et lorsqu'il n'y avait plus pour eux
d'espoir de guérison. Des parents pauvres peuvent
laisser un fils infirme seul à la maison, ils ne pourraient le faire sans danger pour une jeune fille.

Il y a peu de temps, un pauvre enfant de C..., en
Suisse, nous fut amené par sa mère. En le voyant,
je lui dis : « Votre enfant ne pourra vivre, pourquoi
l'amener si loin de vous? » Il avait des plaies qui
l'empêchaient de marcher, et même d'être assis. Cet
enfant était arrivé au dernier période de la phthi-
sie, et le voyage même avait aggravé son état. Ses
protecteurs avaient espéré que l'air du Midi, des
soins appropriés à son état, le remettraient sur pied,
et qu'avec le temps il pourrait être rendu à la
société. Le pauvre enfant languit; il soupirait
après l'air natal, appelait sa mère, et quelques
semaines après il quittait ce monde.

De tels exemples sont fréquents et expliquent
pourquoi le nombre des décès est plus grand à
Siloé qu'à Béthesda. Nous voudrions refuser de telles
admissions. Mais est-ce possible? Les cas sont souvent si pressants! Une veuve, un veuf passent leurs
journées à l'atelier; le pauvre enfant reste étendu
sur un lit de langueur, manquant des soins qui lui

seraient nécessaires. — Il pleure et soupire après le retour de sa mère, mais encore celle-ci a peine à pourvoir à son existence, et le pauvre infirme ne reçoit aucun adoucissement.

Qui dira les souffrances, les larmes du pauvre !

Siloé ouvre ses portes à ces chers garçons, mais malgré nos soins, le mal est souvent trop avancé, et ils n'ont passé que peu de jours dans l'asile. Le père, la mère dans leur douleur se sont écriés : « Au moins il n'était pas seul : des amis l'entouraient et ont recueilli son dernier soupir ; — il a été aimé, soigné. »

Eh bien, oui ! c'est la mission que Siloé accomplit : il reçoit des restes de vie. C'est, dira-t-on, douloureux pour les directeurs, de soigner des malades sans espoir de guérison. Donner son activité, ses veilles, dépenser sa vie pour de pauvres créatures qui ne viennent que pour mourir, vaut-il la peine de diriger un tel asile ?

Nous n'hésitons pas à dire que c'est une noble tâche que d'adoucir les souffrances de ces pauvres créatures, et de les entourer par le cœur, car elles ont du cœur ; de placer sous leurs yeux les glorieuses espérances de l'éternité, de ce ciel sans douleurs, sans larmes, où elles trouveront dans la maison du Père les joies qui leur ont été refusées ici-bas.

L'état sanitaire laisse beaucoup à désirer. Notre infirmerie dans ce moment est remplie. Un pauvre homme que nous avons depuis quinze ans, idiot et semblable à un squelette, décline chaque jour. Comment a-t-il pu vivre si longtemps?

Nous avons mis des poêles dans les dortoirs et dans les infirmeries; des chambres spéciales ont été disposées pour des jeunes gens gâteux ou atteints de maladies infectantes; — ces chambres aussi sont chauffées. Rien n'est négligé pour refaire ces pauvres constitutions.

La classe est toujours fréquentée régulièrement et les progrès sont satisfaisants; un groupe entre autres devrait être peint d'après nature. Peut-être ne résisterons-nous pas au désir de le faire photographier et de vous l'envoyer. Vous aurez une légère idée de ce que sont nos garçons. Les têtes les plus extraordinaires, les physionomies les plus bizarres se trouvent dans notre Siloé. A côté de ces pauvres êtres, nous voyons des enfants intelligents. Hélas! ils sont infirmes, et nous ne savons quelle vocation nous pourrons leur créer. Quelques-uns cependant font de la vannerie fine, d'autres apprennent l'état de tailleur.

BÉTHEL

L'aspect extérieur de cet asile est transformé depuis nos dernières constructions. L'œil se repose avec plaisir sur cette maison simple, mais qui répond si bien aux besoins de l'œuvre. A l'intérieur, des dortoirs de diverses grandeurs nous permettent de classer nos malades selon leur âge, ou la nature de leurs crises; ces divisions sont de la plus haute importance, tant au point de vue moral qu'à celui de la santé. Tous nos dortoirs et toutes nos infirmeries sont exposées au midi, ayant aussi des ouvertures au nord. La ventilation s'opère par de grandes fenêtres. Hélas! toutes sont grillées pour éviter que, dans la surexcitation qui souvent suit les crises, nos garçons ne cherchent à se précipiter par la fenêtre. Ces grilles, peintes en vert et entourées de plantes grimpantes, ne donnent nullement à l'asile l'aspect d'une prison. L'air, la lumière arrivent à flots dans tous les appartements. De ces dortoirs, les yeux se reposent sur de beaux jardins et sur une prairie bordée de grands peupliers.

Plus nos asiles renferment de douleurs phy-

siques ou morales, plus nous cherchons à donner de
la vie, de la gaieté à l'extérieur. Après la sympathie,
rien n'est plus précieux à celui qui souffre, que
d'assister à la vie de la nature, aussi avons-nous
orné le devant de la maison d'arbres fruitiers et
d'agrément. On nous a dit quelquefois : « Vos asiles
ne sont pas des asiles; ce sont des villas, des maisons d'été; nous n'en demanderions pas d'autres
pour nous-mêmes. » Ce sentiment a été exprimé
par des médecins et par tous nos amis en passage.

Ne faut-il pas donner à ces pauvres êtres qui ne
vivent que de souffrances, toutes les jouissances per-
mises pour qu'ils puissent croire à l'amour du pro-
chain? Nous mettrions-nous à leur place pendant
une heure? Voudrions-nous avoir une seule crise
d'épilepsie? — ou passer seulement huit jours éten-
dus sur un lit de douleur? Ceux qui connaissent
l'amertume de ce mal ne nous reprocheront pas
les efforts que nous faisons pour abréger les longues
heures de la journée, en donnant à nos garçons
incurables ces quelques fleurs jetées sur leur lit.

Béthel a trente-deux garçons épileptiques. Nous
avons eu depuis un an trois décès : trois chers enfants
qui, par leur position sociale, leur naissance et leur
intelligence, auraient dû trouver une place partout

ailleurs que dans cet asile. La main de Dieu s'appesantit sur le riche comme sur le pauvre. Les parents qui nous ont confié leurs fils avaient jugé nécessaire de les éloigner de leurs frères et sœurs. A la vue des crises, on éprouve parfois des impressions si profondes que le système nerveux en est ébranlé. En nous confiant leur enfant, le père et la mère avaient conservé pour lui le même amour. Nous en avons été témoins, et nos cœurs ont souffert avec celui de ces pauvres parents. Ils avaient voulu connaître Béthel, voir par eux-mêmes les soins que nos malades reçoivent des directeurs, l'affection dont ils sont entourés et la vie de famille qui règne dans l'asile. Ajouterons-nous un détail? Une chambre fut meublée dans Béthel par de pieux parents, désireux de venir visiter leur fils sans être à charge à l'asile auquel ils ont fait don de ce mobilier. Hélas! la chambre était à peine meublée que la vie de l'enfant était redemandée. Ni ces parents chrétiens, ni nous-mêmes, ne voudrions le rappeler ici-bas, et pourtant ce départ subit brisa leur cœur comme celui de nos chers directeurs. Le souvenir de cet aimable enfant, ainsi que le tendre intérêt des parents et leur amour pour Béthel, ne s'effaceront jamais.

Peu de semaines avant ce départ, un autre cher garçon nous faisait ses adieux. Sa courte existence n'avait été qu'une longue épreuve. On me fit appeler lorsqu'il fut près de sa fin. J'entendis, en approchant de l'infirmerie, le chant de plusieurs cantiques, et je vis notre enfant entouré de ses camarades.

— Des fleurs, des branches de laurier étaient sur son lit, il avait joint sa voix à celles de ses amis. Ensemble ils se préparaient à aller rejoindre les esprits bienheureux. La pauvre mère aussi était près du lit et couvrait de baisers ce fils qui lui disait : « Bonne mère, tu sais que je vais au ciel ; — j'y serai si heureux et tu y viendras aussi. »

Nos épileptiques ne peuvent guère s'occuper qu'aux travaux du jardin : le grand air et l'exercice leur sont nécessaires et leur font du bien à tous les points de vue. Quelques-uns ont pu se livrer aux travaux de la vannerie et réussissent bien.

Après leurs crises, si on ne les rationnait pas, ils mangeraient et boiraient de façon à se rendre malades. Nous devons les traiter comme de petits enfants.

Comme dans Eben-Hézer, des douches d'eau froide et des bains ont amené souvent de bons résultats. Il y en a qui ont peur de l'eau, et la seule

menace de les mettre sous la douche les calme;
d'autres aiment l'hydrothérapie et considèrent les
douches comme le seul remède qui puisse leur
faire du bien.

Il y a eu des cas de folie furieuse. Pendant quelques jours les cellules ont été occupées. On faisait
alors parvenir à ces pauvres garçons leur nourriture
par le guichet. — Parfois le garçon le plus doux,
le plus inoffensif, devient, après ses crises, le plus
dangereux. Quel mystère que cette maladie, mais
en même temps que de devoirs à accomplir auprès de ces êtres placés sous une puissance que
nous ne connaissons pas !

LE REPOS

La scène change. Dans cet asile qui justifie bien
son nom, tout est calme, paisible. Le monde avec
ses souffrances semble avoir disparu. Du balcon, il
est vrai, on voit La Miséricorde, Béthesda, Eben-
Hézer, La Famille; mais ces asiles sont à distance,
leur bruit n'atteint pas Le Repos. Des terres labou-
rables, de grands châtaigniers, de vastes jardins

s'interposent entre ces asiles et le solitaire Repos, Autour de lui, les arbres grandissent, ils sortent de l'enfance, et dans quelques années ils le mettront à l'abri des regards curieux ou indiscrets. Nous aspirons toujours plus à faire de cette demeure un séjour de paix pour les âmes fatiguées qui chercheront, après les orages ou les luttes de la vie, un peu de repos avant le grand repos des Saints.

Le Repos n'a encore que six pensionnaires. Trois autres sont attendues, et nous prévoyons que, sous peu, notre nombre augmentera. Si le Conseil d'Administration se montrait trop facile pour les admissions, bientôt toutes nos chambres seraient occupées. Nous les réservons à des vies de dévouement, à des âmes qui ont connu la souffrance, et qui, arrivées près du terme de leur carrière, se trouvent sans foyer hospitalier. Nous ne voulons pas élargir le cadre que nous avons tracé. Il est déjà assez vaste, et nous serions imprudents d'admettre toutes les personnes qui envient « nos petites chambres où l'on se trouverait si bien, notre beau salon, notre salle à manger ». Bientôt nous n'aurions plus de places réservées pour ces femmes auxquelles Le Repos est destiné.

Longtemps La Famille n'a eu que quatre petites

filles. Béthesda aussi eut ses petits commencements. Il en fut de même pour les autres asiles.

Le calme, la paix sont à l'intérieur. Nous rappelons à nos amis que chaque pensionnaire a sa chambre. Si elle le désire, elle peut l'occuper pendant la journée. Un vaste salon, qu'une amie des Asiles a meublé de fauteuils, de canapés, permet à nos pensionnaires de s'y réunir, de jouir d'un peu de confort et de la vie de famille.

Toutes sont libres de leur temps : elles s'occupent à des ouvrages de fantaisie, ou aident à l'entretien du linge de la maison. L'une d'elles souvent fait la lecture, pendant qu'elles sont à l'ouvrage.

Les repas se prennent habituellement en commun. Dans les cas de maladie, l'infirmière porte la nourriture dans les chambres.

Les jardins qui entourent Le Repos permettent à nos malades des promenades sans sortir de la propriété. Avec l'autorisation de la directrice, elles peuvent aussi aller faire leurs emplettes dans le bourg ou même en ville.

Nous passons sous silence tout ce qui concerne la vie intime ou le passé de ces chères amies.

LA RETRAITE

Ce modeste asile n'a que trois pensionnaires, mais la petite famille « pourra croître jusqu'à mille personnes ».

Ce que nous disions quant aux admissions dans Le Repos, s'applique à celles de La Retraite. Pour entrer dans cette asile, il faut avoir des titres de fidélité, d'honnêteté et de moralité pour des domestiques âgées, pour des infirmes; il doit être prouvé qu'elles ne peuvent trouver, ni dans leur famille, ni autre part, un asile, et qu'il leur est impossible de subvenir par leur travail à leur existence. Si ces conditions ne sont pas remplies, La Retraite ne peut les recevoir. Nous nous montrons sévères pour les admissions, car l'œuvre de Laforce repose sur la charité. Nous devons à nos bienfaiteurs de faire un sage emploi de l'argent qu'ils nous confient. Ce serait une charité mal comprise que celle d'une libéralité accomplie en faveur de personnes en état de gagner leur vie, et qui voudraient se reposer alors qu'elles peuvent et doivent travailler.

Plusieurs demandes d'admission nous ont été

adressées en faveur de telles personnes : nous les avons toutes refusées.

Soyez bien persuadés que nos portes s'ouvriront aux malades qui réclament nos soins et qu'elles seront recueillies avec empressement. Plusieurs malades de Béthesda, que leur âge et leurs infirmités doivent amener à La Retraite, devront sous peu y être transférées.

La perspective d'occuper une chambre à La Retraite fait battre le cœur de plusieurs de nos malades. Nous le comprenons. Elles ne les occuperont néanmoins que s'il y a urgence. Partout nous cherchons l'intérêt de nos malades et de nos asiles.

La Retraite aura son histoire de même que nos autres asiles. Nos visiteurs, en y entrant, sont pénétrés d'une véritable compassion pour les quelques pensionnaires qui l'habitent.

Ne méprisons pas les petits commencements.

————

LA MISÉRICORDE

Il est un fait digne de remarque, c'est que nos asiles se sont tous ouverts avec un ou deux pensionnaires. Nous savons avec quelle rapidité ils se sont accrus, et quelle place aujourd'hui ils occupent dans le protestantisme de langue française.

La Miséricorde fera exception à cette règle.

Cet asile, qui justifiera si bien son titre, s'ouvrira avec *trente-cinq* jeunes filles : Béthesda nous en fournira vingt-quatre, Eben-Hézer onze.

La malade arrivée à l'état le plus complet d'idiotie, ne donnant point de signe d'intelligence, l'idiote gâteuse, paralysée d'une partie de ses membres, l'idiote aveugle, infirme, seront les habitants de La Miséricorde, et Béthesda sera délivré de ces pauvres créatures qui, depuis tant d'années, gênent la marche de cet asile. Il a toujours été destiné aux malades, aux aveugles et aux idiotes susceptibles de recevoir un certain développement intellectuel, ou de rendre des services dans Béthesda. L'épileptique idiote ou infirme ayant perdu son intelligence quittera Eben-Hézer pour entrer à La Miséricorde. On peut donc déjà se représenter cet asile. Nous n'entrons dans aucun détail, mais nous nous rendons compte de ce que sera cet intérieur. Nous espérons trouver des directeurs et des aides remplis de dévouement, comme le sont ceux de nos asiles de Béthesda et Eben-Hézer. Déjà nous savons que parmi nos filles de Béthesda, faibles d'intelli-

gence mais riches en cœur, se trouveront quelques
aides pour La Miséricorde. La Famille aussi nous
en fournira une ou deux.

Un jardinier est déjà trouvé; sa femme cui-
sinière et sa fille lingère vont entrer sous très-peu
de jours dans La Miséricorde, pour y préparer la
venue du personnel directeur et des pensionnaires.

Les constructions s'achèvent : elles seraient terminées si un violent orage n'avait démoli, au mois
d'août dernier, l'une des ailes de la maison qui
venait de recevoir sa charpente. Il a fallu la re-
construire. Outre la grosse dépense occasionnée
par ce désastre, nous avons eu un retard d'un mois.
Nous avons dû faire faire l'expertise du dégât. L'en-
trepreneur a été disculpé et les experts ingénieurs
ont déclaré que le dégât était occasionné par « une
force majeure ». Les gelées, arrivant, nous causent
de nouveaux retards. Nous espérons pouvoir instal-
ler nos infirmes dans deux mois, et faire la dédicace
de La Miséricorde le 16 mai, jour fixé pour notre
fête annuelle. L'Asile sera définitivement installé.

Nous avons entendu des étrangers visitant La
Miséricorde s'écrier : « Quels prodiges peut accomplir
la charité! Les créatures les plus hideuses sont
destinées à cet asile et, à notre sens, il est le mieux

conçu de tous, le plus gai. » Ces étrangers ne me
savaient pas dans la maison lorsqu'ils prononçaient
ces paroles. Je puis bien le dire, je ne me rendais
pas compte de l'effet riant et gracieux de cet asile,
avec ses galeries couvertes au nord et au midi, au
rez-de-chaussée comme au premier. Dans cet asile
aussi l'hydrothérapie sera fréquemment employée.
Il y aura des piscines, des salles à bains au premier
étage et au rez-de-chaussée, et un système de douches bien approprié à nos malades.

La Miséricorde est entourée de jardins et de terres.
Nous allons planter des arbres fruitiers et des arbres à
ombrage touffu. Quand vous viendrez nous voir, vous
serez satisfaits nous l'espérons, de l'aspect de cet asile.

Les deux amies qui ont eu à cœur de le fonder
jouiront du touchant mais navrant spectacle qui
s'offrira à leurs regards lorsqu'elles viendront visiter La Miséricorde.

———

Pour vous donner une idée exacte de la situation
de nos asiles et du mouvement qui s'est opéré pendant l'année 1877, nous plaçons sous vos yeux le
tableau suivant :

RÉCAPITULATION DE L'ANNÉE 1877

Demandes d'admission. — Entrées. — Sorties. — Morts.

NOMS DES ASILES	NOMBRE de PENSIONNAIRES	DEMANDES D'ADMISSION	ENTRÉES	SORTIES	MORTS
La Famille	90	27	23	12	»
Béthesda	102	28	8	4	3
Eben-Hézer	50	24	7	2	3
Siloé	81	55	19	5	7
Béthel	32	20	6	2	3
Le Repos	6	13	1	1	»
La Retraite	2	9	»	1	»
Totaux	363	176	64	27	16

Un complément indispensable à notre administration intérieure a été ajouté au Conseil d'Administration : c'est un comité de Dames : personne ne saurait méconnaître les services qu'il apportera à notre œuvre.

Ce Comité sera le conseiller du directeur. Il se réunira à Laforce trois fois par an au moins pour faire une inspection générale des Asiles, visitant les dortoirs, les infirmeries, etc., etc. La toilette de nos enfants sera aussi l'objet de son attention. Il entrera avec les directrices dans des détails intimes qui peuvent échapper au directeur. Il décidera le genre d'ameublement qui convient à La Miséricorde, de réformes à apporter dans l'ameublement des autres asiles.

RAPPORT DU COMITÉ DE DAMES

Nous nous sommes réunies à Laforce, le 10 janvier, dans le but de faire une inspection générale des asiles. Nous avons visité La Famille, Béthesda, Eben-Hézer, Le Repos, La Retraite et La Miséricorde. Partout nous avons trouvé l'ordre et la bonne tenue chez les enfants, comme dans les dortoirs et les divers appartements. Leur costume très-simple est néanmoins fort propre et convenable. Toutes étaient occupées aux divers travaux qui constituent l'emploi du temps dans les asiles.

Nous nous sommes préoccupées ensuite de l'ameublement et de la literie que devra avoir l'asile La Miséricorde, dont la construction s'achève et où sous peu seront transférées les enfants les plus infirmes de Béthesda et d'Eben-Hézer. Elle seront au nombre de trente-cinq. Nous avons fait choix, sur échantillons, de couvertures de laine grises et brunes, de deux qualités. En ayant égard aux infirmités de nos malades, et en raison même de ces infirmités, nous avons reconnu que pour les réchauffer, deux couvertures sont nécessaires à chaque lit. Les dimensions, les prix et qualités ont été examinés et décidés avec les réserves que nous prescrivait une économie bien entendue. Des housses uniformes recouvriront chacun de ces lits pour donner aux dortoirs l'aspect de gaieté et de propreté que nous rechercherons toujours.

Nous avons fait choix de couvertures blanches en laine et en coton pour le personnel directeur.

La lingerie de cet asile nous a longuement occupées. Nous avons jugé convenable, plutôt que de

donner à La Miséricorde tout à la fois du linge
neuf, ce qui ne serait pas sans inconvénients, de
demander aux asiles de Béthesda et d'Eben-Hézer de
lui céder le linge dont se sont servies les infirmes
qui vont y entrer. Ce linge n'a pas été renouvelé
depuis longtemps et sera bientôt insuffisant. Nous
devrons y pourvoir. Nous devrons le remplacer à
Béthesda et à Eben-Hézer, et faire en outre un achat
considérable de draps de lit pour La Famille, où le
nombre des élèves s'est fort accru depuis quelque
temps, et dont une grande partie des draps sont usés.
Cet article nous a effrayés en considérant que, pour
faciliter le blanchissage, la bonne tenue des dortoirs, il faudrait procurer à cet asile environ cent
draps de lit. Nous procéderons graduellement :
cette forte dépense est impossible cette année.

Nous ne pouvons terminer ce petit aperçu de notre
visite sans dire que Siloé et Béthel ont été soumis à
la même inspection ; là aussi nous avons con-
staté la bonne direction, la bonne tenue de la
maison et les bons soins donnés aux malades. Le
Comité des Dames s'est retiré en emportant les meil-
leures impressions de cette journée, et a désiré
exprimer à tous les directeurs et directrices des
asiles sa satisfaction en y ajoutant l'expression

d'une sympathie bien acquise pour le zèle, le dévouement, l'affection qui complète leur œuvre auprès des pauvres enfants malades qui leur sont confiés.

Pour le Comité :

Eugénie Bost, présidente,
Émilie de Goursou, secrétaire.

RAPPORT MÉDICAL

Cette partie si importante de notre œuvre n'a jamais été négligée, nous lui donnons la place qui lui convient, et laissons nos médecins dévoués faire eux-mêmes leur rapport.

Nous soussignés, A. Clament, médecin ordinaire des asiles de Laforce, et L. Barraud, docteur en médecine à Bergerac, certifions avoir visité aujourd'hui, 17 janvier 1878, les bâtiments et le personnel des divers établissements de Laforce pour en faire une inspection détaillée et minutieuse.

Nous pouvons affirmer à la suite de cet examen que l'état sanitaire ne laisse absolument rien à désirer. L'influence des derniers froids s'est fait un peu ressentir aux scrofuleux atteints de maladies articulaires; mais nous n'avons trouvé qu'un seul malade atteint d'affection aiguë parmi les nombreux infirmes des asiles. C'est un idiot depuis longtemps pensionnaire de Siloé, qu'un embarras gastrique avec fièvre retient au lit depuis quelques jours.

La situation, la distribution, l'aménagement des divers bâtiments, tant anciens que nouveaux, ceux des annexes ajoutées à Siloé, ceux de La Miséricorde, sont parfaitement bien entendus, au double point de vue de l'hygiène et de la commodité.

La propreté minutieuse qu'on observe dans les dortoirs, les ouvroirs, les salles d'école, sur la personne et les vêtements des pensionnaires des divers Asiles, est vraiment digne d'éloges et d'étonnement, surtout quand on vient à songer que beaucoup de ces pensionnaires idiots et épileptiques sont gâteux et nécessitent des soins continuels.

La nourriture donnée largement à tous est saine et fortifiante; les soins hygiéniques et pharmaceutiques sont parfaitement bien entendus. L'expérience et le dévouement sans bornes de tous les divers collaborateurs de M. John Bost font que les infirmes confiés à leurs soins se trouvent dans les conditions sanitaires les plus satisfaisantes, et jouissent de tout le bien-être que l'on peut désirer pour eux.

Les efforts les plus persévérants sont faits pour développer les facultés intellectuelles de ces malheureux disgraciés de la nature. La persévérance et les soins assidus des instituteurs et des institutrices s'efforcent de découvrir la moindre lueur d'intelligence au fond de cerveaux obscurcis afin de la développer et d'en tirer tout le parti possible.

Les résultats obtenus sont, grâce à Dieu, dignes de tant d'efforts. L'état physique et intellectuel de la plupart de ces malheureux s'améliore sensiblement. Le calme et la sérénité se lisent ici sur presque toutes les physionomies. S'il est de ces maladies à marche fatalement progressive, et que rien ne peut arrêter, les malheureux qui en sont atteints voient leurs derniers moments adoucis par les soins d'une charité infatigable.

Nous ne pouvons, en terminant ce rapport succinct, qu'exprimer encore une fois notre admiration pour l'œuvre qui vient de passer sous nos yeux et pour les résultats obtenus par elle, résultats qui proclament plus hautement que nous ne pouvons

le faire, l'intelligence, la persévérance et le dévouement sans bornes de tous ceux qui y prennent
part.

Laforce, le 17 janvier 1878.

A. CLAMENT.
L. BARRAUD.

NOS DEUILS

Une dame de distinction, amie dévouée de toutes
les œuvres chrétiennes que possède l'Église de
France, nous a été retirée. Nos Asiles lui doivent le
tribut d'une pieuse reconnaissance.

Mme François Delessert a assisté par le cœur
à nos petits commencements. Avec quelle joie elle
apprit, dans une séance tenue le 4 février 1862
à la Rédemption à Paris, présidée par son véné-
rable époux, que l'Asile Eben-Hézer allait être
fondé! Nous croyons pouvoir dire qu'elle avait pour
les Asiles Eben-Hézer et Béthel une prédilection
particulière.

Nous nous sommes demandé souvent d'où lui
venait la puissance de faire tant de bien. Cette

parole de l'Écriture nous l'explique : « Il y avait une certaine femme nommée Dorcas, *disciple.* » Voilà son secret; tous ceux qui ont connu cette belle âme peuvent dire qu'en elle ils avaient trouvé tous les caractères du vrai disciple de Christ.

En souvenir de cette mère vénérée, sa famille a fait don à nos Asiles d'une somme de 10,000 francs. Le Conseil d'Administration a désiré ne pas confondre cette somme dans l'ensemble de nos dépenses courantes, et l'a affectée à l'acquisition de diverses pièces de terre situées au nord du Repos et qui étaient indispensables à nos Asiles.

Un second deuil est venu briser nos cœurs. Notre vénéré ami, le docteur Armand Garrigat, nous a été subitement enlevé.

Il était l'un des membres les plus dévoués de notre Conseil d'Administration. Esprit juste et droit, il appréciait sainement toutes les questions, et plus d'une fois ses avis nous ont été d'un grand secours.

Il était en outre le chirurgien de nos Asiles, et là encore nous avons souvent éprouvé que son dévouement était à toute épreuve. Quelques heures avant son délogement, il apprenait avec joie la reconnaissance des Asiles par l'État. L'un de ses vœux était accompli.

Heureux sommes-nous d'avoir en espérance la terre du repos, l'heure du revoir et pendant l'éternité.

SITUATION FINANCIÈRE

Ne tournez pas la page, je vous en supplie... Ce chapitre vous concerne.

Au temps du Sauveur les aveugles criaient : « Fils de David, aie pitié de nous. » Nos Asiles aussi s'écrient : « Chers bienfaiteurs, ayez pitié de nous. »

Avez-vous remarqué la relation intime qui existe entre le chapitre xv et le premier verset du chapitre xvi de la première Épître aux Corinthiens?

L'Apôtre nous transporte en esprit dans le monde glorifié; et par une brusque transition il nous reporte dans les réalités de la vie. C'est une seconde transfiguration qui du sommet du Thabor nous fait redescendre sur la terre des lunatiques.

Quelques observations sur notre situation financière sont nécessaires :

1° Nous accusons un déficit de 4,123 fr. 74 c.

« Vous êtes à flot, se sont écriés des amis, ce n'est pas un déficit! » — Nous ne sommes pas de leur avis.

Nos comptes devraient se balancer à la fin de chaque exercice. « Ne me donne ni pauvreté ni richesse. » Voilà ce que devrait être l'état normal des œuvres de la foi. Ah! sans doute, si nous comparons l'état de notre caisse à celui de tant de sociétés religieuses, nous n'avons pas à nous plaindre; notre état es florissant, et nous nous demandons comment ces 224,806 fr. 47 c. ont pu nous parvenir. « Il te sera fait selon que tu as cru. » Oui, nous avons marché par la foi, et nous ajoutons, avec une foi agissante.

2° L'article *chevaux, voitures*, s'explique ainsi nous avons acheté pour nos Asiles des petites voitures destinées à nos infirmes et nos incurables. Cette décision était prise depuis longtemps, et nous venons de la mettre à exécution. Un omnibus de famille pour les courses en ville de nos directrices et de nos malades a été construit, un fourgon aussi nous était nécessaire pour le transport de nos provisions. L'entretien de trois chevaux, l'achat d'un cheval, la réparation d'anciennes voitures, de harnais : diverses voitures prises pour faire venir nos médecins de Bergerac, puis aussi pour des occasions où les nôtres ne suffisent pas. La dépense est largement dépassée par des dons faits aux Asiles, par les amis que nous allions chercher et reconduire à la station.

DÉPENSES

Nourriture.	64,187 90
Vêtements	17,436 40
Mercerie	3,545 40
Épicerie.	7,489 40
Meubles et ustensiles.	5,299 30
Éclairage et combustible	6,318 10
Salaires.	26,388 25
Service de santé	2,288 25
Correspondance	1,211 40
Frais de voyage	4,260 20
Frais de bureau	381 50
Bibliothèque, abonnements, classes	505 75
Dépenses diverses	12,228 86
Impôts	030 35
Assurances	654 30
Chevaux et voitures	9,593 85
Lingerie.	4,048 25
Blanchissage et repassage.	328 70
Rapports et imprimés.	2,858 »
Total des dépenses	170,004 26

DÉPENSES EXTRAORDINAIRES

Constructions et réparations.	44,902 05
Achat de terrains.	13,063 90
Total.	57,965 95
Total des dépenses déjà trouvées.	170,004 26
Total général des dépenses.	228,030 21

RECETTES

Pensions	56,773 40
Dons	65,843 65
Produit des jours	57,300 »
Recettes diverses.	10,104 55
Société du sou protestant.	709 30
Ventes	6,620 10
Rentes	4,526 47
Collectes	8,577 30
Loteries.	1,696 »
Legs	4,810 »
Total des recettes.	217,050 77
Boni au 31 décembre 1876.	7,755 70
Total général des recettes	224,806 47
Passif au 31 décembre 1877	4,123 74
Total égal aux dépenses	228,030 21

Le secrétaire comptable,

HENRI LAFOUX.

Après vérification, nous avons trouvé la situation conforme aux livres.

Les membres du Conseil d'Administration,

HENRI COUVE,
GUSTAVE BOY.

3° *Constructions, réparations.*

Nous avons agrandi les dépendances de tous nos Asiles. Béthel est une construction neuve qui a été en partie payée cette année. Des réparations importantes ont dû être faites aux Asiles, on n'y avait point touché depuis quinze ans.

4° Nous avons cinquante-six employés payés. Les uns ont leur ménage particulier; de là une augmentation dans les salaires.

5° Les comptes de La Miséricorde ne figurent pas dans ce Rapport. Nous vous les présenterons lorsque les constructions seront terminées. Ils dépasseront le chiffre de 100,000 francs : 1° à cause de l'agrandissement des deux ailes; 2° de la reconstruction de l'aile détruite par l'ouragan du 16 août. Nous espérons toutefois que la somme de 100,000 francs ne sera pas de beaucoup dépassée.

CONCLUSION

« Consolez mon peuple, » a dit l'Éternel votre Dieu.

« Guérissez les malades, » a dit Jésus.

« Portez les fardeaux les uns des autres et accomplissez ainsi la loi de Christ, » a dit saint Paul.

Ces paroles résument l'œuvre que nous poursuivons. Douce et belle mission que celle d'assurer aux malheureux une vie paisible et tranquille. Cette mission, chers bienfaiteurs, c'est la vôtre. Pour nous, nous faisons valoir les fonds que vous nous remettez. Au jour des rétributions, quand l'or et l'argent auront perdu leur valeur, leur attrait et leur amertume, Celui qui rendra à chacun selon ses œuvres vous dira : « En tant que vous avez fait ces choses à l'un de ces plus petits qui croient en moi, vous me les avez faites à moi-même. » En ce jour, nous ne regretterons qu'une chose, c'est de ne pas avoir marché sur les traces du Sauveur qui allait de lieu en lieu faisant du bien, et de n'avoir pas mis à son service nos vies, notre or, notre argent.

Vous avez compris que nos Asiles s'ouvrent aux souffrances les plus grandes; que toutes ces maisons se remplissent de chères créatures qui, dépourvues

de toutes ressources, privées du bienfait inappré-
ciable de la santé, seraient perdues si nous ne leur
ouvrions nos portes. Devons-nous faire un appel à
votre cœur, à votre charité? C'est inutile! En lisant
les pages qui précèdent, vous vous serez tous écriés :
« Prends courage, cette œuvre te regarde, et nous
serons avec toi. »

C'était bien cette pensée qui animait le cœur de
M. le pasteur Robert Tissot lors de notre belle fête
annuelle du mois de mai dernier. Au nom de son
Église du canton de Neuchâtel, de notre Suisse
bien-aimée, il nous assurait, dans une belle prédi-
cation, du concours sympathique de tous les amis
qui en pensée l'accompagnaient à Laforce.

C'était bien le même sentiment qui remplissait
le cœur de M. Jules Siegfried, de cet ami des ou-
vriers et des malheureux, quand, en présence de
nos Asiles réunis et d'un nombreux public, il plai-
dait leur cause avec tant d'enthousiasme.

« Nous serons avec vous, nous disaient ces deux
amis, allez de l'avant. La Suisse, la France... Le sou-
tien de la veuve, le père de l'orphelin ne vous
abandonneront pas. »

Quel est le cœur chrétien qui ne souscrirait à ces
paroles?

Nous comptons sur vous, parents, qui avez des enfants sains de corps et d'esprit; sur vous, riches de ce monde, qui n'avez aucune des infirmités dont nos chers malades sont affligés. « Faites-vous avec vos richesses des amis qui vous reçoivent dans les lieux célestes; » sur vous, veuves dans l'abondance; n'oubliez pas celles qui, dans la disette, s'adressent à vous pour avoir un asile; sur vous aussi, chers enfants des écoles du dimanche... Sur vous tous enfin, amis de l'humanité.

Chers bienfaiteurs, nous avons 365 pensionnaires. Avec les directeurs, directrices, employés divers, nous avons 415 personnes à entretenir *tous les jours de l'année*. Ne nous oubliez pas; à l'heure de vos joies comme à celle de vos deuils, faites la part de ceux qui souffrent et qui pleurent.

Pensez aussi au cœur souvent bien abattu, surchargé de soucis de

Votre tout dévoué et affectionné,

JOHN BOST.

(Lu et approuvé en Conseil d'Administration dans sa séance du 18 janvier 1878.)

LES DONS ET SOUSCRIPTIONS SERONT REÇUS

FRANCE

A *Laforce* (Dordogne), par M. le pasteur JOHN BOST, directeur des Asiles.

A *Paris*, par MM. MALLET FRÈRES et Cⁱᵉ, banquiers, 37, rue d'Anjou-Saint-Honoré.

PAR LES « SOCIÉTÉS ADOLPHE » CI-APRÈS :

A *Alais*, par Mˡˡᵉ ARBOUSSET, rue Fabrerie.

A *Bordeaux*, chez Mˡˡᵉ MARIE HOVY, 49, rue Traversière.

A *Ganges*, chez Mˡˡᵉ LOUISE AUSSET ou Mˡˡᵉ CAZALET.

A *La Rochelle*, chez M. le pasteur GOOD.

A *Lyon*, chez Mᵐᵉ OBERKAMPF-FITLER, 69, avenue de Saxe.

A *Montauban*, chez M. le professeur JEAN MONOD.

A *Marseille*, chez Mᵐᵉ MOULINE, 161, cours Lieutaud.

A *Montpellier*, chez Mᵐᵉ PAUL CASTELNAU, 34, rue Saint-Guilhem.

A *Nîmes*, chez M. le pasteur BABUT, rue Clérisseau, 21.

A *Pau*, chez Mˡˡᵉˢ OLIPHANT, CADIER, MARIE ELOUT et MALAN.

PAR LES BIENFAITEURS DONT LES NOMS SUIVENT :

A *Annonay*, chez Mˡˡᵉ JENNY GISCARD (Société de Bienfaisance).

A Bernis, chez M. le pasteur LAGET (Réunion de Dames).

A Cannes, chez F. ROBINSON WOOLFIELD, Esqre, villa Albert.

A Castres, chez Mme Ve CASTEL.

Au Havre, chez M. JULIEN MONOD, côte d'Ingouville.

A Menton, chez M. le pasteur DELAPIERRE et chez Mme DUDGEON, aux Grottes.

A Montagnac, chez Mlle CAZELLES (Société de Dames).

A Milhau, chez Mmes de CARBON FERRIÈRES et BOUBE.

A Nice, chez MM. les pasteurs CHILDERS et BURN MURDOCH.

A Rochefort, chez M. le pasteur CAZALIS (Comité de Bien-faisance).

A Saint-Jean-du-Gard, chez Mlle EMMA FABRE.

A Saint-Hippolyte-du-Fort, chez M. GRASON, instituteur.

A Saint-Affrique, chez Mlle EUGÉNIE VERNIÈRE.

A Mazamet, chez Mme ROUVIÈRE-HOULÈS.

ALSACE

A Mulhouse, chez Mme Kœchlin-Valette, 7, Avenue du Commerce.

A Strasbourg, chez Mlle M. RAUSCH, 5, rue des Mineurs.

SUISSE

A Genève, chez Mme BOUVIER-MONOD, rue Charles-Bonnet, 4, et chez Mlle CAROLINE GAUSSEN, 8, rue Bynard.

A Lausanne, chez M. GEORGES BRIDEL, libraire-éditeur.

A Neuchâtel, chez M. E. de PURY DE MARVAL.

GRANDE-BRETAGNE

A Blackheath, chez Miss HARRISSON, Blackheath Park. Kent.

A Edimbourg, chez Miss MACKENZIE, 16, Moray place.

A Glasgow, chez TIMOTHÉE BOST, Esqre., 34, Lynedoch Street.

A Liverpool, chez W. CROSFIELD, Esqre., Annesly, Aigburth.

A Londres, chez MM. RANSOM-BOUVERIE et Cie, 1, Pall Mall East, et chez MM. JAMES NISBET et Cie, 21, Berners Street.

MM. les libraires protestants et MM. les rédacteurs de journaux religieux, en France et à l'étranger, continueront, comme par le passé, à recevoir les dons qu'on voudra bien nous faire parvenir par leur intermédiaire.

BELGIQUE

A Diest, chez M. ISEBAERT, officier de l'état-major des places.

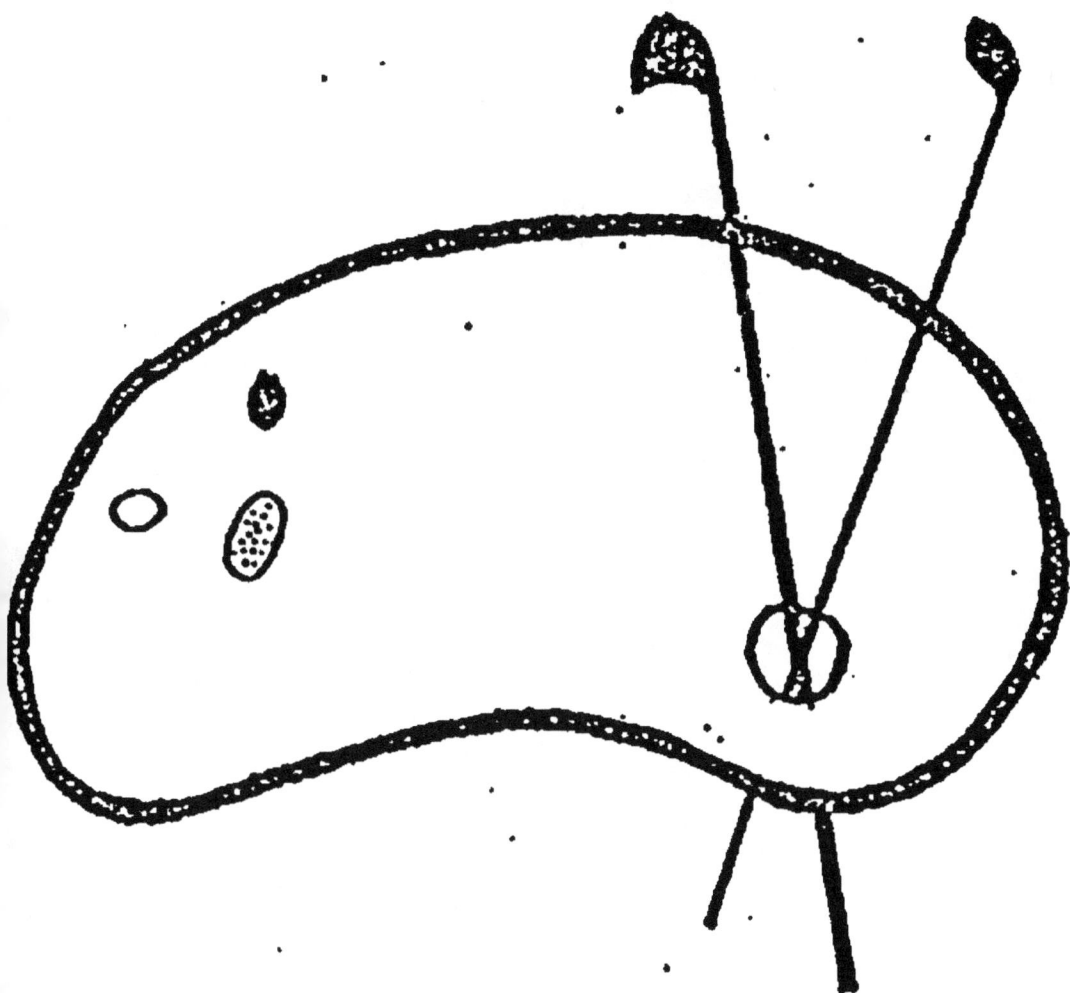

ORIGINAL EN COULEUR
NF Z 43-120-8

www.ingramcontent.com/pod-product-compliance
Lightning Source LLC
Chambersburg PA
CBHW070905280326
41934CB00008B/1596